Inhalt

Konzernlagebericht und Nachhaltigkeit - Änderungen durch DRS 20

Kernthesen

Beitrag

Fallbeispiele

Weiterführende Literatur

Impressum

Konzernlagebericht und Nachhaltigkeit - Änderungen durch DRS 20

Annett Kaindl

Kernthesen

- Die Nachhaltigkeitsberichterstattung befindet derzeit sich im Umbruch.
- Weltweit lässt sich der Trend zu einer Zusammenführung von Finanz- und Nachhaltigkeitsberichterstattung erkennen.
- Mit der Veröffentlichung eines neuen Standards für den Konzernlagebericht wird dieser Entwicklung Rechnung getragen.

Beitrag

Neuer DRS 20 stärkt Berichterstattung über Nachhaltigkeit

Der Informationsbedarf von Anteilseignern und anderen Stakeholdern von Unternehmen hat sich unter anderem durch den Bedeutungszuwachs von Nachhaltigkeitsaspekten für den Unternehmenserfolg gewandelt. Das Deutsche Rechnungslegungs Standards Committee (DRSC) hat mit dem im September 2012 verabschiedeten DRS 20 (Deutscher Rechnungslegungs Standard Nr. 20) auf die geänderten Informationsbedürfnisse reagiert.

Mit DRS 20, der DRS 5 und DRS 15 ersetzt, werden unter anderem deutlich höhere Anforderungen an die Berichterstattung über nichtfinanzielle Leistungsindikatoren im Konzernlagebericht gestellt. Diese Leistungsindikatoren finden sich jedoch nicht nur in der Lageberichterstattung wieder, sondern in besonderem Maße auch in der Nachhaltigkeitsberichterstattung.

Mit der Veröffentlichung von DRS 20 wurde die deutsche Konzernlageberichterstattung in vielerlei Hinsicht modifiziert und modernisiert. Ein erklärtes Ziel des DRSC war es, die Berichterstattung über nicht-finanzielle Leistungsindikatoren und deren

Bezug zur Nachhaltigkeit zu stärken. Das DRSC bringt damit sein Bestreben zum Ausdruck, der Bereitstellung von nicht-finanziellen Leistungsindikatoren - auch im Zusammenhang mit Nachhaltigkeit - einen höheren Stellenwert einzuräumen.

DRS 20 verlangt, dass für Geschäftsjahre, die nach dem 31. Dezember 2012 beginnen, finanzielle und nicht-finanzielle Nachhaltigkeitsinformationen im Konzernlagebericht anzugeben sind, sofern diese zur Unternehmenssteuerung eingesetzt werden. (1), (2), (3)

Wann hat DRS 20 Auswirkungen auf die Berichterstattung im Konzernlagebericht?

In Bezug auf die Berichterstattung über nicht-finanzielle Leistungsindikatoren sind gemäß DRS 20 insbesondere die folgenden zwei Szenarien zu unterscheiden:

- Das Management nutzt für die interne Steuerung des Unternehmens keine nicht-finanziellen Leistungsindikatoren beziehungsweise bewertet diese als unwesentlich: Für diese Unternehmen resultieren aus DRS 20 keine Änderungen bezüglich der externen

Berichterstattung.

- Das Management verwendet nicht-finanzielle Leistungsindikatoren für die interne Steuerung eines Unternehmens und stuft diese Indikatoren als wesentlich ein: Im Konzernlagebericht ist über diese nicht-finanziellen Leistungsindikatoren zu berichten. Über die bisher zur Anwendung kommenden Vorschriften hinaus gebietet DRS 20 nun, dass das Unternehmen unter anderem quantitative Angaben veröffentlicht. Es besteht die Verpflichtung, finanzielle und nicht-finanzielle Leistungsindikatoren, die intern unter dem Aspekt der Nachhaltigkeit genannt werden, als solche kenntlich zu machen und den Bezug zur Nachhaltigkeit darzustellen.

Die aktuellen Modifikationen der Normen zur Berichterstattung über nicht-finanzielle Leistungsindikatoren durch DRS 20 sollten die Unternehmen zum Anlass nehmen, um die externe Berichterstattung über Aspekte der Nachhaltigkeit zu hinterfragen. (1)

Wesentliche Neuerungen durch DRS 20

In der deutschen und internationalen Unternehmensberichterstattungspraxis existiert bislang keine allgemein anerkannte beziehungsweise genutzte Definition des Begriffs "Nachhaltigkeit". Das DRSC definiert im Rahmen von DRS 20 diesen Begriff wie folgt: "Nachhaltigkeit ist ein Konzept, das eine ganzheitliche und dauerhaft zukunftsfähige Entwicklung der ökonomischen, ökologischen und sozialen Leistung eines Unternehmens oder Konzerns anstrebt".

Wie auch schon gemäß dem bisher zur Anwendung gekommenen DRS 15 müssen Konzerne gemäß DRS 20 über nicht-finanzielle Leistungsindikatoren berichten, sofern diese für das Verständnis des Geschäftsverlaufs und der Lage des Konzerns wesentlich sind und auch intern zur Steuerung des Konzerns herangezogen werden. Gemäß DRS 20 müssen nun zudem quantitative Angaben zu den nicht-finanziellen Leistungsindikatoren kommuniziert werden, wenn diese in nummerischer Form auch intern zur Steuerung herangezogen werden und diese für den fachkundigen Adressaten wesentlich sind. Neu ist auch, dass nun für quantitative Informationen zu nicht-finanziellen Leistungsindikatoren Prognosen erstellt und offengelegt werden müssen. Diese Prognosen sind im Folgejahr mit den tatsächlich eingetretenen Werten zu vergleichen, wobei wesentliche Abweichungen darzustellen und zu erläutern sind. Auf diese Weise sollen die Unternehmen an den im Vorjahr kommunizierten Prognosen gemessen werden. Wenn die tatsächliche Entwicklung wesentlich abweicht, müssen die Abweichungen erklärt werden.

Die Vorgaben in DRS 20 zur Auswahl und Darstellung von zu berichtenden Informationen zur Nachhaltigkeit sind eher konzeptioneller Natur. Auch wenn sich hieraus für die praktische Umsetzung bedeutende Spielräume ergeben, scheint diese Vorgehensweise geeignet, die angestrebten Ziele zu erreichen. Die alternativ denkbare Vorgabe eines bestimmten Katalogs an (gegebenenfalls branchenspezifischen) Pflichtangaben könnte wohl kaum der großen Vielfalt der in der Praxis tatsächlich und oftmals sehr unternehmensspezifisch genutzten Leistungsindikatoren gerecht werden.

Allerdings findet sich in DRS 20 eine Liste an Beispielen für nicht-finanzielle Leistungsindikatoren, welche oftmals auch in Nachhaltigkeitsberichten genannt werden (unter anderem Emissionswerte, Energieverbrauch, Kunden- und Mitarbeiterzufriedenheit und die Wahrnehmung gesellschaftlicher Verantwortung). [1]

Bedeutet DRS 20 das Ende für einen eigenständigen Nachhaltigkeitsbericht?

Unternehmen können weiterhin einen eigenständigen Nachhaltigkeitsbericht sowohl außerhalb des Geschäftsberichts als auch in einem weiteren Berichtselement innerhalb des Geschäftsberichts, jedoch außerhalb des Konzernlageberichts, veröffentlichen. Die in DRS 20 geforderten Angaben (Teilmenge der Informationen des Nachhaltigkeitsberichts) müssen innerhalb des Konzernlageberichts angegeben werden. (1)

Neue Dimension der Prüfung

Zu beachten ist, dass es sich bei der Prüfung von separaten Nachhaltigkeitsberichten außerhalb des Konzernlageberichts oft lediglich um Plausibilitätsbeurteilungen handelt. Demgegenüber ist beim Konzernlagebericht zu prüfen, ob dieser mit dem Konzernabschluss sowie mit den im Rahmen der Prüfung gewonnenen Erkenntnissen des Abschlussprüfers in Einklang steht. Vor einer Einbeziehung von Informationen zur Nachhaltigkeit in den Konzernlagebericht muss unbedingt sichergestellt werden, dass diese den erhöhten Prüfungsanforderungen genügen. Aufgrund der höheren Anforderungen an die Verifizierbarkeit der innerhalb des Konzernlageberichts veröffentlichten Informationen ist davon auszugehen, dass diese verlässlicher sind, was für die Nutzer dieser

Informationen von großer Bedeutung sein kann. (1)

Kritik

Es ist fraglich, ob durch die Veröffentlichung von DRS 20 das vom DRSC angestrebte Ziel einer deutlichen Stärkung der Berichterstattung über nicht-finanzielle Leistungsindikatoren und die Verdeutlichung des Bezugs zur Nachhaltigkeit erreicht werden kann. Es ist nicht davon auszugehen, dass sich die neuen Vorschriften in erheblichem Umfang in der Berichterstattungspraxis widerspiegeln werden. Die meisten Normen des DRS 20 zur Berichterstattung über nicht-finanzielle Leistungsindikatoren und deren Bezug zur Nachhaltigkeit sind nur dann von praktischer Bedeutung, wenn das Management eines Unternehmens diese Leistungsindikatoren zur internen Steuerung nutzt, diese wesentlich sind beziehungsweise vom Management als wesentlich erachtet werden.

Wenngleich die Vorschriften des DRS 20 zur externen Bereitstellung von Informationen im Kontext der Nachhaltigkeit wohl eher zahnlos sind, so darf die international zunehmende Bedeutung von nicht-finanziellen Informationen für unternehmerische Entscheidungen nicht unterschätzt werden. Beispielsweise strebt die EU-Kommission eine verpflichtende Berichterstattung zu nicht-finanziellen

Informationen für große Kapitalgesellschaften bis spätestens 31. Dezember 2014 an. (1), (2)

Trends

Weltweit lässt sich der Trend zu einer Zusammenführung von Finanz- und Nachhaltigkeitsberichterstattung erkennen. In 90 Prozent der Geschäftsberichte der Dax-30-Unternehmen sind umfangreiche Angaben zu Nachhaltigkeitsaspekten enthalten. Mit der Ausweitung der Berichtspflichten über nicht-finanzielle Informationen im Rahmen des Geschäftsberichts wird die separate Nachhaltigkeitsberichterstattung zukünftig wohl mehr und mehr an Bedeutung verlieren.

Begleitet wird dieser Trend durch die Bemühungen des International Integrated Reporting Council, bis Ende 2013 ein einheitliches Rahmenwerk für die integrierte Berichterstattung zu entwickeln. (2)

Fallbeispiele

Die Nachhaltigkeitsperformance von Unternehmen fungiert längst als Entscheidungskriterium am Kapitalmarkt. Gemäß einer Studie der Wirtschaftsprüfungsgesellschaft KPMG berichteten

2011 zirka 90 Prozent der 100 umsatzstärksten Unternehmen in Deutschland und rund 95 Prozent der 250 weltweit größten Unternehmen zum Thema Nachhaltigkeit an Investoren, Mitarbeiter, Kunden und weitere Stakeholder. Die Nachhaltigkeitsberichterstattung dient der Begrenzung von wirtschaftlichen, sozialen und Reputationsrisiken, signalisiert Investoren eine gute Vorbereitung auf resultierende Chancen und Risiken und lässt das Management modern erscheinen. (2)

Weiterführende Literatur

(1) Nicht-finanzielle Leistungsindikatoren und Aspekte der Nachhaltigkeit bei der Anwendung von DRS 20 Was sich durch DRS 20 in der Konzernlageberichterstattung tatsächlich ändert
aus Kapitalmarktorientierte Rechnungslegung, Heft 5 vom 2.5.2013, Seite 236 -

(2) Nachhaltigkeitsberichterstattung im Umbruch Zunahme der externen Informationsanforderungen abzusehen - Prüfung könnte in neue Dimension vorstoßen
aus Börsen-Zeitung, 26.01.2013, Nummer 18, Seite B4

(3) DRS 20: Auf dem Weg zum Integrated Reporting? aus Betriebs Berater Heft 49/2012 Seite 3063

Impressum

Konzernlagebericht und Nachhaltigkeit - Änderungen durch DRS 20

Bibliografische Information der deutschen Nationalbibliothek

Die Deutsche Nationalbibliothek verzeichnet diese Publikation in der deutschen Nationalbibliografie; detaillierte bibliografische Daten sind im Internet über http://dnb.d-nb.de abrufbar.

ISBN: 978-3-7379-1427-7

© 2015 GBI-Genios Deutsche Wirtschaftsdatenbank GmbH, Freischützstraße 96, 81927 München, www.genios.de

Alle Rechte vorbehalten. Dieses Werk ist einschließlich aller seiner Teile – z.B. Texte, Tabellen und Grafiken - urheberrechtlich geschützt. Jede Verwertung außerhalb der Grenzen des Urheberrechtsgesetzes bedarf der vorherigen Zustimmung des Verlags. Dies gilt insbesondere auch für auszugsweise Nachdrucke, fotomechanische

Vervielfältigungen (Fotokopie/Mikroskopie), Übersetzungen, Auswertungen durch Datenbanken oder ähnliche Einrichtungen und die Einspeicherung und Verarbeitung in elektronischen Systemen.